Jules Barbier, Michel Carré

Romeo und Julie - grosse Oper in fünf Akten

Jules Barbier, Michel Carré

Romeo und Julie - grosse Oper in fünf Akten

ISBN/EAN: 9783743445017

Hergestellt in Europa, USA, Kanada, Australien, Japan

Cover: Foto ©Thomas Meinert / pixelio.de

Manufactured and distributed by brebook publishing software (www.brebook.com)

Jules Barbier, Michel Carré

Romeo und Julie - grosse Oper in fünf Akten

(Den Bühnen gegenüber als Manuscript.)

Romeo und Julie.

Große Oper in fünf Akten

von

J. Barbier und M. Carré.

Deutsch nach Shakespeare

von

Theodor Gaßmann.

Musik von Ch. Gounod.

Eigenthum und Verlag
von
Choudens, éditeur à Paris.

Commissions-Verlag für Teutschland
von
P. A. Herrmann in Hamburg.

Darmstadt, 1867.
Joh. Conr. Herbert'sche Hof-Buchdruckerei (Fr. Herbert).

Personen.

Escalus, Fürst von Verona.
Graf Paris, dessen Verwandter.
Graf Capulet.
Julie, seine Tochter.
Gertrude, ihre Amme.
Tybalt, Neffe Capulet's.
Romeo, ein Montague.
Mercutio, ein Verwandter des Fürsten, } Freunde Romeo's.
Benvolio,
Stefano, Romeo's Page.
Gregorio, Diener Capulet's.
Bruder Lorenzo, } Franziskanermönche.
Bruder Jacob,
Angelo,
Rita, } Verwandte Julien's.
Manuela,

Damen und Edle von Verona. Bürger. Soldaten. Mönche. Diener und Pagen.

Ort der Handlung: Verona im Anfange des 14. Jahrhunderts.

Prolog.

Verona soll dies Spiel und in ihm sehen lassen
　　Die Montague's und Capulet's.
Edle Häuser, die längst befehden sich und hassen,
　　Und blutbefleckt mißachten das Gesetz.
Wie nach Gewitternacht ein Lichtstrahl in den Aether,
　　In den finstern Kreis tritt hold ein Liebespaar.
Enden bald machen sie den alten Zwist der Väter,
　　Durch Glück und Leiden wunderbar.
Doch des Schicksal's unnahbares Weben
Reißt Beide in den Tod, und kein so traurig Loos
　　Hat es hienieden wohl gegeben
　　　　Als Julien's und Romeo's.

Erster Akt.

Glänzend erleuchteter Ballsaal im Hause der Capulet's.

Scene 1.

Herren und Damen maskirt und in Domino's.

Chor.

Fröhliche Stunden
Sind bald entschwunden,
Haschet sie, bevor sie verweh'n.
Brechet die Rosen,
Die dornenlosen,
Die im Reich der Freude ersteh'n.

Männer.

Neckend Mahnen
Das ertönt,
Holdes Ahnen
Dich verschönt.
Masken trägst du,
Doch erregst du
Und bewegst du
Sanft das Herz.
Lehrst auf schlauen
Zufall bauen
Und vertrauen
Maskenscherz.

Frauen.
Welch' Entzücken
Solche Nacht!
Händedrücken,
Herzensjagd.
Selbst die schnöden
Kalten, Spröden,
Und die Blöden
Fangen wir.
Pulse stocken,
Wenn wir locken,
Süß erschrocken
Jedem hier.

Alle.
Fröhliche Stunden
Sind bald entschwunden,
Haschet sie, bevor sie verweh'n.
Brechet die Rosen,
Die dornenlosen,
Die im Reich der Freude ersteh'n.

Scene 2.

Vorige. **Tybald** und **Paris**, die Masken in der Hand.

Tybalt.
Nun, Paris, bekennt, wie erscheinet
Euch das Fest denn der Capulet's?

Paris.
Daß Glanz mit Geschmack sich vereinet
Und die Schönheit herrscht als Gesetz.

Tybalt.
Wundergleich trat noch nicht entgegen
Unser Kleinod Euch, seltner Art,
Das Euch Glücklichem man bewahrt.

Paris.

Noch fühlt nicht mein Herz sanftes Regen,
Aber kommen wird bald der Tag
Wo Lieb' es lehret schneller'n Schlag.

Tybalt (lächelnd).

Mit Euch hoffe ich, daß der Liebe Hauch es berühret.
Aber seht! Von dem Vater kommt sie dort geführet.

Scene 3.

Vorige. Capulet. Julie.

(Capulet führt Julie an der Hand. Bei ihrem Eintreten nehmen Alle die Masken ab.)

Capulet.

Ich grüße Freunde Euch, seid All' willkommen mir!
Bei meines Kindes Wiegenfeste
Schwingt Freude das Panier.
Abermals, Ihr werthen Gäste,
Tritt die geliebte Tochter heut in's Leben ein.
Seht meine Julie denn hier, und ich bitte:
In Eurer frohen Mitte
Laßt Eurer Huld stets empfohlen sie sein.

Die Männer (halblaut).

Ach! Schönheit-prangend!
Knospe hold, die der Lenz verlangend
Kaum mit mildem Hauch küßte wach.

Die Frauen (ebenso).

Ach! Schönheit-prangend,
Steht sie da, jedes Glück umfangend
Das die Erde bieten nur mag.

Alle.

Ach! Schönheit-prangend.

(Man hört Tanzmusik.)

Julie.

Hört Ihr wohl jenen Ton, der süß das Ohr gewann?
  Er ruft zum Tanz. O, kommt und lauschet!
Eine Welt, kaum geahnt, tritt jetzt an mich heran.
  Alles blendet und berauschet.
   Froh möcht' ich mich erheben,
   Hinauf zum Himmel schweben,
Leicht wie die Schwalbe flattern kann.

Capulet (zu Paris).

Ei, Paris, sagt welche Laune?
Fern bleibt Ihr der Tochter? — Habt Acht!
Ihr hört nicht was ich sprach, — Erwacht!
Sagt an, was Euch bewegt?

Paris.

   Ich staune!
(Er nähert sich Julien, die mit Tybalt spricht).

Capulet
(zu den Gästen).

 Wohlan, Damen all',
 Wohlan, Kavaliere,
 Nun machet den Ball
 Zum Liebesturniere.
Meide Krittler uns ganz,
Laß grollen daheim deine Tugend!
 Die Sterne der Jugend
 Sie laden zum Tanz.
  Wer in solcher Nacht
  Meidet hier den Tanz,
  Uns entblättern macht
  Er der Freude Kranz.
O, wär' ich wie Ihr noch und wäre kein Greis!
Ich führte den Reigen und räng' um den Preis.
In schmeichelnden Worten da war ich gewandt,
War auch einst von Wünschen, von heißen, entbrannt.

Ihr glücklichen Jahre,
Wie floht ihr so bald!
Ach — fort — verhallt —
Und weiß meine Haare.

Wohlan, Damen all',
Wohlan, Kavaliere,
Nun machet den Ball
Zum Liebesturniere.
Meide, Krittler uns ganz,
Laß grollen daheim deine Tugend!
Die Sterne der Jugend
Sie laden zum Tanz.

Chor.
Meide, Krittler uns ganz.
⁊c. ⁊c.

(Alle gehen und werden später auf= und abgehend in der anstoßenden Gallerie sichtbar. Paris reicht Julien den Arm. Capulet und Tybalt folgen im Gespräch. Romeo und Mercutio mit ihren Freunden treten auf.)

Scene 4.

Romeo. Mercutio. Benvolio und einige ihrer Freunde.

Mercutio.
Gottlob, die Luft ist endlich rein!
Für kurze Frist, da wir allein,
Herab die Masken.

Romeo.
Nein, laßt uns besonnen sein.
Und dieses Haus, wer klug, unerkannt deßhalb mied er.
Kommt Freunde, laßt uns geh'n und trotzt nicht dem
Gebieter.

Mercutio.
Pah! Sind diese Capulet's etwa böse sogleich,
Wär' sich verstecken doch zu feig.
(schlägt an sein Schwert)
Wir tragen bei uns ja, was ihnen beut die Spitze.

Romeo.
Weit besser wär's, daß nie wir genaht ihrem Herrensitze.

Mercutio.
Warum?

Romeo.
Ein Traum mich warnte.

Mercutio.
Ha! Ein Traum lügt nie.
Ich seh', Frau Mab hat Dich besucht.

Romeo.
Wer ist sie?

Mercutio.
Mab!
Bewahrt die Feenkinder,
Und huscht geschwinder
Als Gedanken fliegen kaum,
Durch den Traum.
Kosend, nimmer schreckend;
Und wenn sie's erreicht,
Wieder neckend
Sie entweicht.

Von Stäubchen der Sonne getragen
Durch den Aether wird ihr Wagen,
Aus Haselnuß wußte zu nagen
Ihn Meister Wurm gewandt und fein.
Das Verdeck vom Grillchen die Flügel,
Von Spinnen gewebt die Zügel;
So lenkt sie über Wolkenhügel
Als Kutscher hin grau Mückelein.
Der Stiel seiner Peitsche, o wißt!
Das Gebein nur vom Heimchen ist.
Die Schnur ein Strahl der geküßt

Vom Mond die Erde, da
        (nach Oben deutend) Hoftag war!
So zur Nacht, erscheint ihre Stunde,
Mab besuchet, macht sie die Runde,
Den Gatten, der vom neuen Bunde
Träumt, und auch manch' liebendes Paar.
Wenn sie erscheint träumt die Kokette
Selig von Schmuck nur und Toilette,
Der Schranze neigt selbst sich im Bette,
Den Poeten Reimen beschlich.
Holden Klatsch spendet sie der Base,
Und Sporteln riecht des Anwalts Nase,
Aber frei, im duftigen Grase,
Der Gefangne träumet sich.
Der Soldat träumt von Hinterhalten,
Von blutigen Schlachten, Schädelspalten,
Und wenn die Fahnen siegreich wallten,
Den Ehrentrunk als Hochgenuß.
Und du, das Gesicht voller Falten,
Muster jetzt der keuschen Alten,
Auch dich trifft ihr freundliches Walten,
Träumen läßt sie dich — einen Kuß.

      Mab!
  Bewahrt die Feenkinder,
  Und huscht geschwinder
Als Gedanken fliegen kaum
    Durch den Traum.
  Kosend, nimmer schreckend;
  Und wenn sie's erreicht,
    Wieder neckend
    Sie entweicht.

      Romeo.
Schon gut! Ob grade mir von ihr,
Ob sonst woher kam jene Mahnung,
Mich beschleicht eine trübe Ahnung!
Schwer wie dies fremde Dach, so lastet sie auf mir.

Mercutio.

Was Dir fehlet rath' ich geschwinde!
Dein Liebchen fehlt Dir auf dem Ball; ja, Rosalinde.
Zehn And're machen Dich hier vergessen sogleich
    Den tollen Schülerstreich.
Komm!

Romeo (sieht in die Galerie).

Ha, seht da!

Mercutio.

    Was denn nun?

Romeo.

Dort jenes holde Wesen!
Ein Engel an Reiz scheint es mir.

Mercutio.

Das ehrwürdige Möbel bei ihr
Scheint mir nicht so schön und erlesen.

Romeo.

Welch Gebild aus Himmelshöh'n!
Wie war verblendet ich, bevor ich dies geseh'n.
Nicht Schönheit sah ich! Nein! Doch nun weicht jeder
                            Zweifel!
Liebe auch kannte nie meine Brust!

Mercutio
(lachend zu Benvolio und den Uebrigen).

Schön! Rosalinde ist beim Teufel!
Hei! Vorher haben wir's gewußt.
    Unbetrauert gehen
    Kann sie nun nach Haus,
    Eh' man sich's versehen
    Ist die Posse aus.

Alle.
(außer Romeo, lachend unter sich).
Unbetrauert gehen
2c. 2c.
(Mercutio und die Uebrigen ziehen Romeo mit sich fort, während Julie und Gertrude von der andern Seite auftreten.)

Scene 5.

Julie. Gertrude.

Julie.
Man harret meiner! Was Du willst schnell laß hören.

Gertrude.
Schöpft Athem nur einmal. (boshaft) Oder sollte ich stören?
Ist es Paris wohl gar, den Ihr sucht?

Julie (gleichgültig).
O nein.

Gertrude.
Der schöne Mann, sagt man, wird Euer Mann bald sein.

Julie (lachend).
Ha ha! Vermählen sollt ich mich? In meinen Jahren?

Gertrude.
Am besten schmeckt's! Ich hab' es selbst an mir erfahren.

Julie.
Hinweg! Sei endlich still mit losen Reden doch!
Laß meiner Seele ihren Frühling noch!
Ich will leben
In dem Traume, der noch eben
Mich wiegte ein.
Keusche Flammen,
Die dem Parabis entstammen,
Bleibt noch mein.

Kaum entsprossen,
Kaum genossen
Flieh'n Jugendlust und Scherz.
Eh' wir's wähnen,
Quellen Thränen,
Zog die Lieb' in das Herz.
Da, wenn's ach geschah, kam der Schmerz.
Laßt mich dem Lenz in Schooße
Finden all' meine Welt!
Athmen den Hauch der Rose,
Eh' Blatt um Blatt noch fällt.
Keusche Flammen,
Bleibt, die Gott entstammen,
Bleibt mir glückgepaart,
Lang noch bewahrt.

(Gregorio erscheint im Hintergrunde und trifft mit Romeo zusammen.)

Scene 6.

Vorige. Gregorio. Romeo.

Romeo (zu Gregorio, auf Julie deutend).
Wer ist denn dieses holde Kind?

Gregorio.
      Das fragt Ihr noch?
(scherzend)
S' ist Gertrude.

Gertrude (sich umwendend).
Wer ruft?

Gregorio (zu Gertrud).
      Verzeiht mir, Hochverehrte,
Aus der Küche, mich dünkt, nach Euch ich rufen hörte.

Gertrude (wichtig).
Da sind wir!

Julie.

Geh!

(Gertrude geht mit Gregorio. Romeo hält Julie auf, in dem Augen=
blick wo sie gehen will.)

Scene 7.

Romeo. Julie.

Romeo.

Ich bitte, bleibet doch!

(Er demaskirt sich und ergreift Juliens Hand, diese will dieselbe betroffen
und schüchtern zurückziehen, wird aber von seinem Blicke gefesselt.)

Romeo.

Wenn jetzt entweihte
Die schnell bereite,
Verweg'ne Hand, du Heil'ge dich!
Erröthend schweigen,
Und reuig neigen
Zwei Pilger, meine Lippen sich.
Doch das Erkühnen
Auch schnell zu sühnen
Demuthsvoll, ist mein Entschluß!
Laß lieblich büßen
Und schnell versüßen,
Mich den Druck in einem Kuß.

Julie.

Nicht war's Verschulden,
Berührung dulden
Vom Pilger darf, jederzeit,
Der Heil'gen Rechte,
Beseelt nur echte
Andacht ihn und Sittsamkeit.
Doch Hand in Hand nur,
Der Sitte Pfand nur,

Ist der frommen Waller Gruß.
Und, ach! gewähren
Kann sie dein Begehren
Nicht, nach einem Kuß.

Romeo.

Und sind der Heil'gen denn nicht auch Lippen gegeben?

Julie.

Um Gebete zu thun.

Romeo.

Die meinen beten schon: laß wie die Hände eben
Thun die Lippen auch nun.

Julie.

Denk daran: nimmer pflegt sich die Heil'ge zu regen,
Die Bitten zugesteht.

Romeo.

So thu' denn Holde auch, wie die Heiligen pflegen,
Raubt mein Mund, was er erfleht.
(küßt sie.)

Julie (tief erbebend).

Ach!
Du verstehst es ja gründlich!
Nun die Sünde kam auf mich!

Romeo.

Kann es beruhigen Dich
Gieb zurück mir gleich was sündlich.

Julie.

Nein, sie ist mein und soll es sein.

Romeo.

O, mache sie doch wieder mein.

Scene 8.

Vorige. Tybalt.

Romeo.
Wer naht? (nimmt die Maske vor).

Julie.
Mein Vetter Tybalt ist's.

Romeo.
O, Gott, Ihr wäret — —?

Julie.
Die Tochter seht in mir Capulet's.

Romeo (für sich).
Weh!

Tybalt (vorkommend).
Verzeiht!
Wenn man Euch, holde Fee, dort im Saale entbehret,
Entflieht der Zauber auch. (bietet ihr die Hand) Darum
kommt, es ist Zeit.
(leise)
Wer ist der Kavalier, der das Gesicht bedeckte
Als er mich geseh'n?

Julie.
Nicht weiß ich's.

Tybalt (mißtrauisch).
Schien es doch er erschreckte.

Romeo.
Gott mit Euch, edles Paar.
(geht ab).

Scene 9.

Tybalt. Julie.

Tybalt.
Ha! kennen lehrt mein Haß mich den Ton nur zu
schnelle.
Er war's, Romeo!

Julie (für sich).

Romeo?

Tybalt.

Ja fürwahr!
Tod treffe ihn, daß frech er betrat diese Schwelle.
(geht rasch ab.)

Julie
(in sich versunken, mit starrem Blick).

Ach! ich sah zu früh, den ich zu spät erkenne!
Und den nun liebe ich für den ich Haß empfand.
Wenn ich jetzt ihn nicht mein eigen nenne,
Reiche statt seiner der Tod mir die Hand.

(Sie geht langsam ab. Die Gäste treten wieder auf. Ferner von der einen Seite Tybalt mit Paris, von der andern Romeo, Mercutio, Benvolio und ihre Freunde, maskirt.)

Scene 10.

Tybalt. Paris. Romeo. Mercutio. Benvolio. Gäste. Später Capulet.

Tybalt (Romeo bemerkend).

Er noch da!

Paris (zu Tybalt).

Sprecht, was giebt's?

Tybalt (zeigt ihm Romeo).

Romeo!

(Tybalt will sich gegen die Gruppe der Montagues stürzen, trifft aber auf den eintretenden Capulet. Er sagt ihm leise einige Worte und deutet auf Romeo. Capulet gebietet ihm mit einer herrisch abweisenden Geberde Stillschweigen.)

Romeo.

Meinen Namen sie verzeih'n ihm nie!
Armes Herz! Capulet ist ihr Vater, und ich liebe sie.

Mercutio (zu den Montagues).

Ha, seht wie voll Haß dieser Schuft
Der Tybalt jetzt eben!
's liegt ein Sturm in der Luft.

Tybalt.
Die Wuth macht mich beben.

Capulet (zu seinen Gästen).
Ei, wollt Ihr denn schon geh'n? Verweilet länger doch,
Denn die Tafel harrt Eurer noch.

Tybalt.
Nur besonnen! Nur besonnen!
Noch ist er uns nicht entronnen,
Nur mit Blut, wie ich's versprach,
Will ich rächen diese Schmach.

Mercutio.
Ob sie voll Zorn uns betrachten,
Laß't es uns nicht beachten!
Vermeidet klug, dies mein Rath,
Eine unbedachte That.

Capulet.
Lasset neu das Fest beginnen,
Ungenützt es nicht verinnen,
Ehemals, bei meiner Ehr,
Tanzten wir und tranken mehr.

Die Gäste.
Lasset neu das Fest beginnen,
Ungenützt es nicht verinnen.
Achtet nicht der Stunden Schlag,
Nacht, sie werde heut zum Tag.

(Mercutio zieht Romeo fort. Benvolio und die übrigen Montagues folgen.)

Tybalt (leise zu den Seinen).
Soll er entweichen? Das Spiel zu enden,
Mit dem Handschuh will ich das Gesicht ihm schänden.

(Schickt sich an mit Paris und einigen jungen Kavalieren Romeo zu verfolgen. Capulet tritt ihnen entgegen und zieht Tybalt bei Seite.)

Capulet (leise).
Und ich verbiete Dir
Zu stören dieses Fest. Wie er sich auch mag nennen,
Mir gefällt's nun einmal heute ihn nicht zu kennen.
Er ist mein Gast! D'rum bleibe hier.
(wendet sich zu den Gästen)

Wohlan, Damen all',
Wohlan, Kavaliere,
Nun machet den Ball
Zum Liebesturniere.
Meide Jeder uns ganz
Dem Zechen nicht Tugend;
Die Sterne der Jugend
Sie laden zum Tanz.

Chor.
Meide Jeder uns ganz
Dem Zechen nicht Tugend;
Es lebe die Jugend!
Wohlauf nun zum Tanz.

(Der Vorhang fällt.)

Zweiter Akt.

Ein Garten. Links Juliens Pavillon. Im ersten Stock desselben ein Fenster mit Balkon. Im Hintergrunde eine die Bühne beherrschende Balustrade, welche andere Gärten abschließt.

Scene 1.

Stefano. Romeo. Hinter der Scene: Mercutio, Benvolio und Chor.

(Stefano hält, auf die Balustrade gestützt, eine Strickleiter und hilft Romeo hinabsteigen, dann zieht er die Leiter hinauf und geht ab.)

Romeo (allein).

O Nacht, daß mein Hoffen sich krönet,
Umhülle mich!

Mercutio (hinter der Scene).

Romeo! Romeo!

Romeo.

Rufe nur, Freund Mercutio!
Leichten Sinnes die Narben verhöhnet
Wer Wunden nie gefühlt.

Die Andern (hinter der Scene).

Er hält sich uns verborgen,
Unsern Ruf läßt er außer Acht.
Der Liebe Lust und Sorgen
Gern pflegen Umgang mit der Nacht.

(Die Stimmen entfernen sich.)

Romeo.

Die Liebe! Ja, ihre Macht sie erfüllt mich mit Wonne!
(Juliens Fenster wird hell)
Doch was schimmert dort von dem Fenster? Sie ist's,
Julie, meine Sonne!
Mein Morgen, dessen Pracht
Verscheucht die finst're Nacht.
Ach, gehe auf! geh' auf! mach' erbleichen die Sterne,
Sie weichen dir so gerne
Strahlst du am Firmament! Ach, gehe auf, erschein',
Stern so glänzend und rein.

Sie blickt träumend, voll Verlangen,
Einer Locke stillen Kuß
Streift sie lächelnd von den Wangen,
O haucht ihr, Blumen, meinen Gruß.
Jetzt die Lippen regt sie endlich!
Dringt kein Ton auch niederwärts,
Spricht ihr Auge doch verständlich
Und die Antwort giebt mein Herz.

Ach, gehe auf, geh' auf, mach' erbleichen die Sterne,
Sie weichen dir so gerne
Strahlst du am Firmament. Ach, gehe auf, erschein',
Stern so glänzend und rein!
(Julie erscheint auf dem Balkon und stützt sich schwermüthig auf das Geländer.)

Scene 2.

Romeo. Julie.

Julie.

Weh mir! Ihn soll ich hassen und als Montague
meiden!
O Romeo, den Namen doch, den man dir gab,
Wirf ihn hinweg! Und thust du's nicht, soll das uns
scheiden,
Lege meinen ich ab.

Romeo (vortretend).

Ist es wahr? Ist es wahr? Ach, noch einmal doch sprich
Holder Engel Du!

Julie.

Ha, wer ist es, der sich schlich
Unter'm Schirm der Nacht in des Herzens Rath?

Romeo.

Nicht wag' ich es zu sagen, wer Dir kühn genaht.

Julie.

Bist Du nicht Romeo?

Romeo.

Nein, kann Dir's Ruh gewähren
Bin ich kein Montague und auch nicht Romeo!
Liebe soll neu mich dann gebären,
Und ein And'rer werd' ich so!

Julie.

Ach, Du weißt, daß die Nacht verschleiert meine Wangen.
Du weißt's; Mädchenröthe sonst färbte sie hier!
Denn was ich gestand voller Bangen,
Möcht' verleugnen gern die Sitte Dir.
Fahr hin, du falsche Scheu! Mag sich's gleich
offenbaren!
Sprich, schöner Montague, liebst Du mich? Sag
es frei!

Romeo
(hebt die eine Hand zum Schwur und deutet mit der andern gegen den Mond).

Julie.

Nein, schwöre nicht beim Mond, bei dem wandelbaren,
Daß wechselnd, so wie er, nicht dein Lieben auch sei.
Sprich einfach nur zu mir: Dich lieb' ich!
Ich glaube, ach, Dir ja so gern!
Und immerdar, als meinem Herrn,
In Treuen dann Dir gehorsam blieb' ich.

Daß ich hingebend gleich Dir so schnell mich geweiht,
Nicht leichten Sinn's schilt auch darob mich später!
Denn vertraut habe ich ja der Nacht nur mein Leid,
Und sie ward zum Verräther.

Romeo.

Bei dem Gott, der uns hört, hier empfange mein Wort.

Julie.

O, lausche! Man kommt! Verstumme und eile fort.
(Romeo verbirgt sich im Gebüsch. Julie tritt vom Balkon zurück.)

Scene 3.

Gregorio. Diener. Später Gertrude.

(Gregorio und die Diener treten mit Blendlaternen auf.)

Gregorio und Diener.

Entwichen! Entwichen!
Der Page verschwand!
Es leiht seinen Schlichen
Der Teufel die Hand.
Verräther, verruchter!
Seinen Herren sucht er.
Er trotzt uns'rer Macht,
Wie wir auch gewacht,
Morgen, gebet Acht,
Er uns noch verlacht.

Gertrude (tritt auf).

Wen suchet Ihr denn hier?

Gregorio.

Verstohlen,
Sammt seinem Herrn drang bei uns ein
Hier ein Page der Montague's, mit flücht'gen Sohlen
Dies Haus zu entweih'n.

Gertrude.

Ihr treibt wohl Scherz?

Gregorio.

Nein, meine Beste!
Denn ein Montague echter Art,
Ich schwör' es Euch bei meinem Bart,
War bei dem Feste.

Gertrude.

Ein Montague!

Die Diener
(spöttisch zu Gertrude).

Hat Eure Schönheit wohl ihn verlockt gar dazu?

Gertrude.

Komm er nur wieder! Bei meinem Kopfe! Ihn, was
auch gescheh',
Mach' ich zahm, so zahm den Fant,
Daß dieses Haus er fliehet und schreit Ach und Weh!

Gregorio.

Ihr vermögt's!

Chor.

Ihr seid ja dafür längst bekannt!
Gute Nacht nun, wertheste Amme,
Nehmt hin, Verehrte, unsern Gruß!
Gott schütz Eurer Tugend Flamme,
Und verdamme die Montague's.

(Gregorio und die Diener ab.)

Scene 4.

Gertrude, später Julie.

Gertrude.

Segnen will ich den Stock, der rächend die Gebeine
Dieser Buben trifft.

Julie
(erscheint auf der Schwelle des Pavillons).
Bist Du's, Gertrude?

Gertrude.
Ja, meine Kleine.
Aber wie, es ist spät und doch seid Ihr noch hier?

Julie.
Ich harrte Dein.

Gertrude.
So kommt!

Julie.
Ich folge Dir.
(Sie sieht sich noch einmal ringsum und geht dann, von Gertrude gefolgt in den Pavillon.)

Scene 5.

Romeo tritt wieder auf, später Julie.

Romeo.
O, Nacht, du machest mich erbangen!
Nur ein leerer Traum, fürchte ich, hüllt mich ein.
Zu schön, zu wonnevoll ist, was mich hält umfangen,
Um Wirklichkeit zu sein.

Julie
(erscheint auf der Schwelle des Pavillons; halblaut):
Romeo!

Romeo.
Theure Julie.

Julie
(weist ihn, immer auf der Schwelle, mit einer Geberde zurück).
Eine Frage, und dann fort!
Ich sende Jemand Dir! Willst Du nun bei deiner Seele!
Daß ich mich Dir vermähle:
Künden gleich laß den Tag mir, die Stunde und den Ort
Wo eines Priesters Wort

Uns Beide soll zusammengeben.
Dann, Theurer, sei fortan mein Glück, mein Hort und Licht.
Durch die Welt folg' ich Dir, durch's Leben,
Allem entsag' ich, nur Dir selber nicht.
Doch sind's wilde Triebe
Die Dich berauscht und erfüllen die Brust,
Dann, mit dieser Stunde Lust,
Bleib' ein Traum uns're Liebe.
Meide ewig mich, überlaß mich meinem Schmerz,
Mag brechen auch dies Herz.

Romeo
(zu ihren Füßen).

Nein, zweifle nicht an mir! Stets Dir nah sein
Du Engel, werd' ich! All mein Dasein
Ist für Dich nur Huldigung.
Durchstrahl mein Dunkel, Du Himmelsglanz-Umlohte!
Sei mir des Lichtes Flügelbote
Gottheit meiner Anbetung!
(Gertrude ruft hinter der Scene: „Julie!")

Julie.

Horch, man ruft mich! Geh! Ich zitt're, daß man uns findet hier.
Ich komme!

Romeo.

Ach zu früh!

Julie.

Sprich leiser!

Romeo.

Glaube mir,
Nein, nein, nicht ruft man Theure Dich!

Julie.

Sprich leiser — sprich leiser — leiser doch sprich!

Romeo
(umschlingt Julie und zieht sie in den Vordergrund).

Nein, nein, Du darfst nicht gehen,
Lasse mir noch dieser Hand süßes Pfand.

Julie.

Ach, man wird hier uns sehen!
Lasse sie doch, gieb sie frei diese Hand.

Beide.

Nun gute Nacht! So süß ist Trennungswehe!
Ich rief' wohl gute Nacht, bis ich den Morgen sähe!

Julie.

Aber nun mußt Du von hinnen!
Geh!

Romeo.

O, wie grausam!
(geht, sich nach Julie umsehend; diese giebt ihm einen Wink, er kehrt schnell zurück.)

Julie.

Ach!
Was wollt' ich doch noch sagen?
Thöricht Fragen!
Weil Du noch bleibst, denk ich nach,
Kann ich mich nicht b'rauf besinnen.
Ich wünschte Dich wohl fort und doch auch mir nicht fern!
Gleichwie ein spielend Kind oft einen Vogel gern
Hält sich an seid'nem Band gefangen.
Und hebt die Flügel er freiheitssehnend zur Flucht,
Zieht das Kind ihn zurück, mit jubelndem Verlangen,
Ganz nur erfüllt von liebevoller Eifersucht.

Beide.

Nun gute Nacht! So süß ist Trennungswehe!
Ich rief' wohl gute Nacht, bis ich den Morgen sähe.

Julie.
Gut' Nacht, tausend Mal!
(entwindet sich seinen Armen und eilt in den Pavillon.)

Romeo (allein).
Schlaf senk' dich herab und Friede!
In der Brust wohnt ihr und auf dem Augenliede.
Wär doch ich Schlaf und Friede nun!
Um, wenn ein Engel mir voll Huld dies Glück
        beschiede,
Süß und sanft, voller Lust, an solchem Ort zu
        ruh'n!
(Er geht.)

(Der Vorhang fällt.)

Dritter Akt.

Erstes Tableau.
Lorenzo's Zelle.

Scene 1.

Lorenzo an einem Tisch mit dem Ordnen von Kräutern beschäftigt. Romeo tritt hastig ein.

Romeo.
Mein Vater, Gott zum Gruße!

Lorenzo.
Wie, was? So früh am Tage
Dem Bett hast Lebewohl Du gesagt?
Sicher führt, Gott sei's geklagt,
Dich zu mir neue Liebesplage.

Romeo.
Ja, Ihr habt es errathen, Vater, Lieb' allein.

Lorenzo.
O, weh mein Sohn, warst Du bei Rosalinden?

Romeo.
O nennt den Namen nicht, er soll vergessen sein!
Denn gnadenvoll ließ Gott mich einen Engel finden.
Frei wurde da mein Aug', verbannt war falscher Schein.
Es erschließt Julie mir fortan des Glückes Pforten.

Lorenzo.
Wie? Doch nicht Julie Capulet?

Scene 2.

Vorige. Julie. Gertrud.

Romeo.
Seht sie hier!

Julie
(eilt in seine Arme, innig:):
Romeo!

Romeo.
Mein Herz es rief nach Dir!
Nun ist's reicher an Inhalt als an Worten.

Julie (zu Lorenzo).
Mein Vater! Er soll mein Gatte sein.
Seg'ne vor Gott uns Beide ein.

Lorenzo.
Ja! Und was mir auch droht, dennoch soll mich
bewegen
Euch die Hand zu leih'n dieser Grund:
Wohl zwingt den alten Haß in Liebe beizulegen,
Die feindlichen Häuser der Bund.

Romeo (zu Gertrude).
Geh, halte Wacht!
(Gertrude ab.)

Scene 3.

Vorige ohne Gertrude.

Lorenzo.
Du Zeuge ihrer Eide,
O wach' in Glück und Leide
Allmächt'ger Gott, denn über sie!
(feierlich)
Auf die Knie!

Gott schuf uns All' nach seinem Bilde!
Er schuf den Mann, und aus dem Leib
Und Blut des Mannes schuf er das Weib,
Der Kraft gesellend so die Milde.
Knüpft' um sie ein heil'ges Band,
Als des reinsten Glück's Unterpfand.
O Gott, den voll Inbrunst ich glaube,
Sieh Deine Creatur im Staube
In Demuth nun sich beugen hier!

Romeo und Julie.
Allmächt'ger stets zu ehren Dein Wort schwören wir!

Lorenzo.
Erhöre mein Fleh'n, daß hienieden
Sei Deiner armen Magd beschieden
Liebe nur und Frieden von dir.
Hab' Mitleid, Herr, mit ihrer Jugend,
Daß Gefahr nicht droht ihrer Tugend
Laß denken sie stets ihrer Pflicht.

Romeo und Julie.
Allmächt'ger sei du mein Hort, sei du mein Licht!

Lorenzo.
Laß sie im frohen Alter sehen
Deinen Weg ihre Kinder gehen,
Und dieser Kinder Kinder noch.

Romeo und Julie.
Allmächt'ger, vor Versuchung stets bewahre doch!

Lorenzo.
Laß den Bund, geschlossen in Treuen,
Droben sich bereinst auch erneuen,
Im Reich, den Sel'gen geweiht!

Romeo und Julie.
Die Herrlichkeit komm' uns Gott! Dein Reich in
Ewigkeit!

Lorenzo (zu Romeo).
Romeo! Willst als Gatte Du die Hand in ihre legen?

Romeo.
Ja, mein Vater!

Lorenzo (zu Julie).
Willst Du ihn zum Gemahl immerdar?

Julie.
Ja, mein Vater!

Lorenzo
(läßt die Ringe wechseln, dann legt er die Hände Beider in einander.)
Gebe Gott Euch denn seinen Segen!
So nehmt Euch hin! Ihr seid ein Paar!
(Beide stehen auf.)

Ensemble.

Romeo und Julie
(sich umschlungen haltend).
O Wonnetag, bannend die Schmerzen!
Gottes Hand
Schloß das Band,
Das so heiß wir erfleht!
So nimm, o Herr, aus frommen Herzen,
Gnadenvoll unser Dankgebet.

Lorenzo.
O Wonnetag, bannend die Schmerzen!
Gottes Hand
Schloß das Band,
Das so heiß sie erfleht!
So nimm, o Herr, aus frommen Herzen,
Gnadenvoll nun ihr Dankgebet!
(Orgelklänge.)

Scene 4.

Vorige. Gertrude.

Gertrude.
Gebt Acht! Man kommt aus der Kapelle!
Schnell fort, daß man Euch nicht entdeckt.

Romeo.
Wie, schon jetzt? Mich trennen soll ich so schnelle?

Gertrude.
Bis zum Abend nur, d'rum nicht erschreckt.
Der Page hat mir ja zur Stelle
Eine Leiter schon zugesteckt.

Romeo.
Nacht, komm herab in dunkler Pracht!
Mein Herz schlägt dir entgegen, Nacht!

Ensemble.

Lorenzo. Romeo und Julie. Gertrude.

O Wonnetag, bannend die Schmerzen
   Gottes Hand
   Schloß das Band,
Das so heiß $\left.\begin{array}{l}\text{wir}\\\text{sie}\end{array}\right\}$ erfleht!
So nimm, o Herr, aus frommen Herzen,
 Gnadenvoll $\left.\begin{array}{l}\text{unser}\\\text{nun ihr}\end{array}\right\}$ Dankgebet!

(Romeo und Julie nehmen Abschied. Julie geht mit Gertrude, Romeo mit
    Lorenzo ab.)

Zweites Tableau.

Eine Straße. Links der Palast der Capulet's.

Scene 1.

Stefano (allein).

Seit gestern ging mir schon die Spur des Herrn
        verloren.
(wendet sich gegen den Palast)
Wär' drinnen er bei euch, Capulet's, wohl noch gar?
Ei, laß doch seh'n, ob der Knechte Schaar
Heute auch kriecht heraus, bringt mein Lied ihr zu
        Ohren.
 Sage, was machst du, weiße Taube,
  Bei den Geiern im Horst?
 Flugbereit, eines Tag's, o glaube,
  Suchst du Liebe in Forst.
Nur den Kampf woll'n die Geier alle,
Schnabel wetzen stets sie und Kralle,
  Zum Stoß bereit, bewährt.
Meide bald ihre wilde Art,
Denn für sie, Täubchen, ist zu zart,
  Wer Küsse nur begehrt.
   Hütet sie, ich glaube,
   Lehren wird's die Zeit:
   Eure weiße Taube
   Wird entflattern weit.

Bei der Nacht kommt ein Tauber girrend
  Aus dem Walde hervor.
Unbedacht jenes Nest umschwirrend,
  Wo sein Herz er verlor.
Doch die Geier, sie wachen, kreisen.
Ihre liebe=feindlichen Weisen
  Ertönen nicht mehr fern.
Und das Paar, selig selbstvergessen,
Liebeslust, Liebesleid indessen
  Vertraut's dem Abendstern!

Hütet sie, ich glaube
Lehren wird's die Zeit:
Eure weiße Taube
Wird entflattern weit.

Scene 2.

Stefano. Gregorio. Diener aus dem Palast.

Stefano.
Aha, da sind sie schon.

Gregorio.
Was Teufel, welche Sorte
Von Singsang vor unserer Pforte?

Stefano
(lachend für sich).
Schlecht mein Lied ihm behagt.

Gregorio.
Ei, ich hab's doch gesagt!
Er ist's, den wie 'nen Hasen gestern wir gejagt.

Diener.
Heute keck auch an diesem Orte.

Stefano
(thut, als wenn er sie nicht sähe).
Hütet sie, ich glaube,
Lehren wird's die Zeit:
Eure weiße Taube
Wird entflattern weit.

Gregorio.
Ist das vielleicht zum Hohn, mein junger Kamerade,
Daß Du uns regalirst mit dieser Serenade?

Stefano.
Singen ist mein Leben!

Gregorio.

's war klar mir gleich:
Man hat Dir auf dem Rücken die Laute zerschlagen
Wohl schon bei so närrischem Streich!

Stefano.

Sieh dies Schwert als Laute mich tragen;
Doch an Liedern auch ist es reich.

Gregorio.

Ei fürwahr, das muß ja recht nett sein!
So laß denn sein Leib ein Duett sein.

Stefano (zieht).
Komm her, ich geb' Dir Unterricht.

Gregorio (zieht).
Leg' aus Dich!

Diener.
Hört ihr Lied! Stört sie nicht.
(Sie fechten.)

Diener.
Kecker Junge!
Muthentbrannt!
Sich'res Auge,
Feste Hand!
So ein Kind,
Das ist doch viel,
Hält dem Mann
Das Widerspiel!
Feine Klinge!
Aus der Schlinge
Ritterlich
Zieht er sich!
(Mercutio und Benvolio treten auf.)

3

Scene 3.

Vorige. Mercutio, Benvolio, später Tybalt, Paris, Romeo und Anhänger beider Häuser.

Mercutio.

Muthig droh'n einem Kind!
(zieht das Schwert und wirft sich zwischen Beide.)
Potz Blitz!
Das ist so Art der Capulet's im Gefecht!
Wie der Herr, so der Knecht.

Tybalt.
(der während der letzten Worte mit Paris und einigen Freunden auf-
getreten ist, legt die Hand an's Schwert.)
Eure Zunge, sie ist sehr schnell und sehr spitz!

Mercutio.
Mein Schwert ist spitzer noch!

Tybalt.
Das will bewiesen sein!

Mercutio.
Nun, so versucht es doch!
(Beide legen sich aus, Romeo tritt auf und wirft sich zwischen sie.)

Romeo.
Haltet ein!

Mercutio.
Romeo!

Tybalt (wüthend).

Romeo! Sein Dämon hieß ihn kommen!
(zu Mercutio mit affektirter Höflichkeit)
O erlaubt, laßt zuvor
Jenen erst mich begrüßen, Signor!
(zu Romeo)
Wohlan, Knabe Montague, die Klinge hergenommen!
Du, der zu unser'm Hohn uns in's Haus heimlich brach,
Nur Dich hab' ich mir auserkoren
Um zu bezahlen diese Schmach.

Dich, dessen Mund diebisch lüstern,
Heimlich mit Julie zu flüstern,
Ich glaube gar, sich hat erfrecht.
Vernimm ein einzig Wort, das der Haß geboren:
Du bist ein Feigling!

(Romeo greift lebhaft zum Schwerte und zieht es halb. Nach kurzem
Schwanken stößt er es wieder in die Scheide zurück).

Romeo (gefaßt und würdig).

Geduld! — Du kennst mich Tybalt schlecht,
D'rum sei das Wort verhallt — verloren!
Grund habe ich allen Haß abzuthun.
Handle mir nach und laß ihn endlich ruh'n.
Ein Feigling war ich nimmer. Leb' wohl! (will gehen).

Tybalt.

Schreckt Dich die Grube?
Schreckt Dich wohl ein Riß im glatten Antlitz? —
Bube!

Romeo.

Nie hab' ich Dich gereizt oder Dir gegrollt,
Doch lernen Dich lieben gewollt.

Mercutio.

Du duldest solches Unterfangen?
Romeo! ist es denn wahr?!
Wohlan, wenn dein Arm bankrott Dir ist gegangen,
Deine Ehr' lös' ich ein, zahle blank ihn und baar.

Romeo.

Mercutio! Laß Dich beschwören!

Mercutio.

Nein, von Rache nur will ich hören!
(zu Tybalt)
Rattenfänger! Heran! Leg' aus und wehre Dich!

Ensemble.

Tybalt.
Ich bin bereit!

Romeo.
O, höre doch!

Mercutio.
Nein, lasse mich!

Chor.
Einer am Platz bleibt sicherlich!

Paris und die Capulet's.
Montague's! Montague's!
Schmachbefleckte!
Fließen mag Euer Blut!
Nicht vor der Hölle schreckte
Ihr Haß und ihre Wuth!

Mercutio, Benvolio, Stefano und die Montague's.
Capulet's! Capulet's!
Schmachbefleckte!
2c. 2c.

Romeo.
Blinder Haß, den ein Dämon weckte,
Soll immerdar denn deine Gluth
Erfüll'n die Welt, die erschreckte,
Mit Blut?

(Tybalt und Mercutio fechten. Romeo wirft sich zwischen sie, um sie zu trennen. Tybalt sticht unter Romeo's Arme durch und verwundet Mercutio.)

Mercutio.
Ha, das traf!

Romeo.
Du blutest!

Mercutio.

Zum Höllenrachen
Mit beiden Häusern doch! Sag' an,
Was kamst Du zwischen uns?

Romeo.

Ach, gut dacht' ich's zu machen!
Wie steht's mit Dir?

Mercutio (zusammenbrechend).

Ich bin ein stiller Mann!

(Mercutio wird weggeführt. Romeo folgt ihm mit den Augen, dann überläßt er sich seiner Wuth und stürzt vor.)

Romeo.

Ha! Schonung flieg' nun himmelan, du gottentstammte!
Du aber Wuth, du hellentflammte,
Leih' deinen Racheblitz dazu!
(zieht das Schwert)
Tybalt! der Bube, den Du mich nanntest, bist Du!

Ensemble.

Romeo.

Raum gebet mir!

Tybalt.

Verderben drohet Dir!

Alle Andern (die Schwerter ziehend).

Raum gebet mir!

Die Capulet's.

Montague's! Montagues!
Schmachbefleckte!
2c. 2c.

Die Montague's.

Capulet's! Capulet's!
Schmachbefleckte!
2c. 2c.

Romeo.

Kein Drohen das mich schreckte!
Die Ehr' entflammt den Muth.
Der Rachegott erweckte
Den Haß mir und die Wuth!

(Allgemeiner Kampf. Romeo fechtend mit Tybalt, Benvolio mit Paris, Stefano mit Gregorio, die übrigen Montague's mit den übrigen Capulet's. Es wird dunkel.)

Romeo.

Nimm das! (versetzt Tybalt einen Stoß.)

(Tybalt ist getroffen und wankt. Capulet tritt auf, eilt zu ihm und hält ihn aufrecht. — Das Gefecht hört auf.)

Scene 4.

Vorige. Capulet. Bürger; später der Fürst mit Gefolge.

Capulet.

O Gott, Tybalt! (läßt mit Hülfe der Seinigen Tybalt auf die Erde nieder und hält ihm den Kopf.)

Benvolio (zu Romeo).

Er ist tödtlich getroffen.
Fliehe schnell, es muß sein.

Romeo (für sich).

Sie wird mir fluchen! Es bleibt mir kein Hoffen!

Benvolio.

Flieh'! der Tod harret Dein!

Romeo.

Hätte er doch schon mich getroffen!

Tybalt
(mit brechender Stimme).

Ein letztes Wort — — bei Eurem Heile — erfüllt
es mir.

(Capulet beugt sich über ihn. Tybalt sagt ihm leise einige Worte.)

Capulet (feierlich, die Hand zum Schwur erhebend).

So gescheh's! Meinen Schwur ihn empfange hier!

Chor.

Der Fürst! Der Fürst!

(Der Fürst tritt mit Gefolge und Pagen auf, welche Fackeln tragen).

Capulet
(aufstehend und gegen den Fürsten gewendet).

Gerechtigkeit!

Alle Capulet's.

Gerechtigkeit!

Capulet.

Tybalt sieh, meinen Neffen, erschlagen von Romeo!

Romeo.

Er begann diesen Streit, erstach Mercutio.
Daß den Freund ich gerächt, bin zu sühnen ich auch
bereit.

Alle Montague's

Gerechtigkeit! Gerechtigkeit!

Der Fürst.

Zuviel! Auf's Neu die Stadt überschwemmt Ihr mit
Blut!
Wie? Kann denn nichts dem Haß, der beseelet Euch,
wehren?
Heut leidet selbst mein Stamm von Eurer wilden Wuth,
Drum strenge Buße soll Euch endlich Reue lehren.
(zu Romeo)
Dir drohet Tod das Gesetz! Dein Vergeh'n ist schwer.
Doch weil Du den Streit nicht begannst, sei verbannt
nur!

Romeo (für sich).

O, Gott!

Der Fürst.
Wenn Abends in der Stadt man Dich fand nur,
Dann scheint keine Sonne Dir mehr!
Nicht Mitleid darf jetzt in mir wohnen,
Milde einen Mörder verschonen
Das hieße selber Mord begeh'n.

Romeo (für sich).
O wehe mir! Verbannt! Nein! gält's den Tod! Ich
will sie wiederseh'n!
(eilt ab.)

(Der Vorhang fällt.)

Vierter Akt.

Erstes Tableau.

Juliens Zimmer. — Es ist noch dunkel. — Die Bühne wird nur durch eine Fackel erhellt.

Scene 1.

Julie auf einem Ruhebett. Romeo zu ihren Füßen.

Julie.
Ja, ich habe verzieh'n!
Thybalt wollte deinen Tod,
Und erschlugst Du nicht ihn,
Von seinem Rachetriebe
Warst Du selber bedroht.
Mein Gewissen ist rein! Er weihte Dir nur Haß, ich nur Liebe!

Romeo.
Ach, noch einmal das Wort, das süße, sprich!

Julie.
Ich liebe Romeo, mein Gatte, ewig Dich!

Beide.
O sel'ge Stunden!
Brautnacht so zaubergleich!
Ewig verbunden
Hat sie Dich mir, wonnereich!

O Wolluſt ſo zu leben,
Wenn Reiz um Reiz getauſcht!
Dein Blick macht ſüß mich beben,
Dein Wort den Sinn berauſcht!
Dein Kuß, der gluthgetränkte,
Schließt einen Himmel ein!
Ach, meine Seele ſchenkte
Ich Dir, bin ewig Dein!

O ſel'ge Stunden!
Brautnacht ſo zaubergleich!
Ewig verbunden
Hat ſie Dich mir, wonnereich!

(Die erſten Morgenſtrahlen bringen in's Fenſter. Man hört eine Lerche ſchmettern.)

Julie.

Romeo, was iſt Dir?

Romeo.

O Julie, es will tagen!
Horch, die ſchmetternde Lerche verkündet den Tag.

Julie (ihn zurückhaltend).

Nein! Fern iſt noch der Tag, und nicht ſie hat geſchlagen.
Glaube mir, jener Ruf der dein Ohr machte zagen,
Nicht die Lerche, nein, nein, es war die Nachtigall.

Romeo.

Ach, des Morgens Melderin war's, es war Lerchenſchall.

(ſie nähern ſich dem Fenſter)

Sieh, wie die Wolken ſchon ſäumet das Licht im Oſten!
Ausgebrannt hat die Nacht ihre Kerzen da wir koſ'ten!
Der heitere Tag, mit friſchem Weh'n,
Erklimmt die durſt'gen Höh'n.

Julie.
Nein!
Das iſt der Morgen nicht! Tief ruht die Sonnenſcheibe.
Es iſt ein Silberſtrahl vom Stern der Liebe — Bleibe!

Romeo.
Wohl! Ist Verzug auch Tod! Ich bleibe!

Julie.
Ach, Du sprachst wahr! Ich höre sie!
Flieh'!
Die Lerche ist's und es will tagen.

Romeo.
Nein, fern ist noch der Tag, und nicht sie hat geschlagen.
Nicht die Lerche, nein, nein, es ist die Nachtigall.

Julie.
Ach, des Morgens Melderin ist's, es ist Lerchenschall.
Fort, mein Leben!

Romeo.
Einen Kuß, und es sei!

Julie (in seinen Armen).
Warum scheiden?

Romeo.
Ach halten — halten laß nochmals Dich, Herz an Herz!
Und sind wir einst vereint, gibt sel'ge Lust uns Beiden
Erinnerung an der vergangenen Tage Schmerz.

Ensemble.

Julie.
Es muß geschieden sein!
Kurz sei der Trennung Pein,
Denn ohn' Erbarmen
Reißt Dich das Schicksal nun aus meinen Armen.

Romeo.
Es muß geschieden sein!
Kurz sei der Trennung Pein,
Denn ohn' Erbarmen,
Reißt mich das Schicksal nun aus deinen Armen.

Julie.
Ach, sein Gebot
Jetzt von Dir mich zu trennen,
Mehr als den Tod
Möcht' ich grausam es nennen..

Beide.
Es muß geschieden sein.
2c. 2c.
(Romeo übersteigt den Balkon und verschwindet.)

Julie.
Leb' wohl, meine Seele! Leb' wohl, mein Leben!
Engel des Lichts! Eurer Huth sei er nun übergeben.

Scene 2.

Julie. Gertrude, später Capulet und Lorenzo.

Gertrude
(tritt hastig und in großer Bewegung ein).
Liebe Julie! Ach, gottlob, er ist fort! Es war Zeit!
Euer Vater wird gleich erscheinen.

Julie.
Gott! Ahnte er — —?

Gertrude.
Nichts, sollt' ich meinen;
Lorenzo folget ihm.

Julie.
Wohlan, ich bin bereit.
(Capulet und Lorenzo treten auf.)

Capulet.
Wie, o Tochter! Kaum will der Tag die Nacht besiegen
Und ich finde Dich wach, dem Lager schon entstiegen?
Ach ja! Beiden wohl füllt gleiches Weh uns das Herz!
Aus dem Schlummer empor scheuchet uns gleicher
Schmerz.

Dem Waffenlärme heut soll'n folgen Hochzeitslieder,
Daß Tybalt's letzter Wunsch sich erfüllt über's Grab.
Von ihm den Gatten nimm, den er sterbend Dir gab,
Und lächle — sei's durch Thränen — nun wieder.

Julie.
Dieser Gatte, sprich wer ist's?

Capulet.
Der Stern der Ritterschaft,
Graf Paris.

Julie (für sich).
Gott!

Lorenzo (leise zu Julie).
O schweige!

Gertrude (ebenso).
Muth und Kraft!

Capulet.
Der Priester ist bereit, mein Wort gab ich dem Grafen.
Die nächste Stunde macht Fest-umrauscht Euch zum
Paar.
Mag Tybalt's Schatten uns umschweben unsichtbar,
Versöhnet im Schooß des Ewigen dann schlafen.
Ein heiliges Gesetz immerdar ist der Wunsch der
Todten;
Ihm lauscht man in Ehrfurcht, wie von Gott geboten;
Heilig soll auch für uns der Wille Tybalt's sein.

Ensemble.

Julie (für sich).
Fürchte nichts, Romeo, mein Herz bleibt ewig dein!

Gertrude.
Laßt doch ruh'n sie im Grabe, die friedlich man gesenkt
hinein.

Lorenzo (für sich).

Sie erbebet und mein Herz es fühlt mit ihr die Pein.

Capulet.

Mag Lorenzo deine Pflichten lehren nun Dich!
Unsre Freunde sie nah'n. Begrüßen sie will ich.

(Gibt Gertrude einen Wink und geht mit ihr ab.)

Scene 3.

Lorenzo. Julie.

Julie (verzweifelt).

Mein Vater, ach verloren
Ist Alles nun! Ich war gehorsam Dir,
Verbarg die Seelenqual und daß ich Treu' geschworen!
Deine Hand reiche helfend mir,
Zur Rettung bist nur Du jetzt allein mir erkoren.
O sprich, mein Vater, sprich, sonst laß mein Leben
                                      enden hier.

(Zieht einen Dolch hervor und richtet ihn gegen ihre Brust.)

Lorenzo.

So kann der Tod Dir keine Furcht erwecken?

Julie.

Nein, lieber ihn, als dieses Bundes Schrecken.

Lorenzo (ihr ein Fläschchen reichend).

Trink' den Saft hier von Kräutern! Durch die Adern
                                              alsbald
Und durch's Herz zieht ein Schauer sich matt Dir und
                                              kalt,
Doch vom Tode ist's nur die Lüge!
Seinen Gang hemmt der Puls, die Lebenswärme flieht,
Zuletzt der Wangen Rosengluth von dannen zieht,
Dann sind marmorbleich deine Züge.

Da senkt der Vorhang sich der Augen schwer und tief,
Umsonst umtönen Dich der Deinen bange Klagen.
„Sie ist nicht mehr!" erschallt's, wenn sie zur Gruft
                                    Dich tragen,
Selbst die Engel sie flüstern: „Sie entschlief — sie
                                    entschlief!"
Doch den geborgten Tod scheucht das schlummernde Leben,
Der nächste Tag wird scho nneu dem Dasein Dich geben,
    Dem nach süßem Traum Du entgegen lachst.
Romeo dann und ich nah'n im nächtigen Schatten,
        Wir harren still bis Du erwachst,
Und in den Arm der Liebe fliehst Du mit dem Gatten. —
Bedenkst Du dich?

      Julie.
    Nein, nein, nicht zag' ich, wenn
Ich Dir vertrau' mein Leben.

      Lorenzo.
      Morgen denn!

    Julie (fest).
       Morgen denn!
   (Lorenzo ab.)

Scene 4.

   Julie allein.

Komm, Wundertrank, geheimnißvoller!
Dein Strom, durch meine Adern roll' er,
Bis Herz mir und Sinn in Schlummer versank.
Komm, sei mir gegrüßt, Wundertrank.

Welche Angst faßt mich an? Meine Hand fühl' ich beben.
Wäre Gift der Trank?! Ja! — mein Tod — mein Tod
Kann Sicherheit dem Mönche geben! —
Wenn es wäre? Nein! Nicht raubt er mir das Leben!
    Sein Herz ist voll Milde, ich folge dem Gebot.

Die Liebe soll meinen Muth beleben
Und aus der Brust bannen die Angst;
Ja, zu ihr laß den Blick uns heben
Wenn feig du mein Herz erbangst!

Ströme, der purpurn hier erglänzet,
Sei von der Lieb hold kredenzet!
      Mein Romeo, dies trink' ich dir!
(Nachdem sie den Inhalt des Fläschchens in eine Trinkschaale gegossen, hält sie
                    plötzlich inne.)
Doch, wenn ich morgen nun in jener Gruft erwachte
Eh' Romeo mich kam zu befrei'n? Wehe mir!
Ein Schauder faßt mich an, mein Blut erstarrt schon
                                                  hier,
    Da ich das Gräßliche nur dachte.
In diesem Moderschlund, wo von der Ahnen Reih'n
Manch' Jahrhundert hindurch aufgehäuft das Gebein,
Wo Tybalt, kaum bestattet, ruht mit blut'ger Wunde,
     Neben mir dann in nächt'ger Stunde —
Neben mir! Gott! An seine Hand streift meine kalt! —
        (verwirrt, als sähe sie Tybalt's Geist)
Wer ist der Schatten, der sich dort will erheben? —
Tybalt ist's! — Er ruft mich! — Entreißen mit
                                            Gewalt
Will er den Gatten mir, der ihm den Tod gegeben.
Nein! Verschwinde Schreckensgestalt!
Du bist ein Wahn und mußt entweichen,
Denn vor des Glückes Sonn' erbleichen
Vergang'ner Tage Schatten bald.
            (ergreift die Trinkschaale)
Die Liebe soll meinen Muth beleben
Und aus der Brust bannen die Angst!
Ja, zu ihr laß' den Blick uns heben,
Wenn feig du mein Herz erbangst.
Ströme, der purpurn hier erglänzet,
Sei von der Liebe hold kredenzet,
      Mein Romeo, dies trink' ich dir!
(Sie trinkt. Gertrude erscheint mit jungen Mädchen im Hintergrunde.
            Julie geht ihnen entgegen.)

Zweites Tableau.

Eine Gallerie im Palast. Im Hintergrunde der Eingang zur
Kapelle.

Scene 1.

Capulet. Paris. Lorenzo. Gregorio. Angelo. Julie.
Gertrude. Manuela. Rita. Junge Mädchen. Freunde
und Diener der Capulet's.
(Hochzeits=Zug.)

Ensemble.

Capulet. Angelo. Manuela. Rita.
Sei glücklich Julie für das Leben!
Die Seele will geben
Er Dir allein.
Heil und Segen Eurem Bunde!
Mag stets diese Stunde
Euch theuer sein.
Das Herz freudig will er immerdar Dir weih'n.

Paris.
Sei glücklich Julie für das Leben
O könnt ich Dir geben
Die Seele mein!
Heil und Seegen unserm Bunde!
Stets soll diese Stunde
Mir theuer sein!
Mein Herz wird immerdar sich Dir Theure weih'n!

Julie.
Ach, im Herzen faßt mich Beben!
Ihm mich ergeben,
Welch' herbe Pein!
Bund voll Schrecken, Trauerstunde!
Und ach! keine Kunde
Von ihm, der mein.
Es läßt mein Verhängniß jetzt ihn ferne sein.

Gertrude.

Julie, wohl darfst Du tief erbeben!
Ihm sich ergeben,
Welch' herbe Pein!
Keine Hoffnung bringt die Stunde,
Ob auch brennt die Wunde,
Es muß ja sein!
Dir kann Niemand helfen, als nur Gott allein.

Lorenzo.

Julie, voll Hoffnung blicke in's Leben,
Denn treu ergeben
Werd' ich Dir sein.
Was auch drohet jetzt die Stunde,
Bald dein Herz Dir gesunde
Von dieser Pein.
Vertrau' auf mich, und Gott er wird uns gnädig sein.

(Julie setzt sich; junge Mädchen legen Geschenke vor ihr nieder.)

Chor
(mit Ballet).

Tönet laut, tönet hell
In die bunte Menge,
Jede Stirne glättet schnell
Munt're Hochzeitsklänge.
Wie im Strom Well' auf Well',
Rauschet Festgesänge,
Tönet laut, tönet hell,
Seid ein Freudenquell.

(Orgelklänge. — Die Thüren der Kapelle öffnen sich, Priester und Chorknaben treten heraus.)

Capulet
(reicht Julie die Hand. Sie steht auf).

O Tochter! Magst Du nun die heißen Wünsche krönen
Des Mannes, der Dich liebt, deiner werth immer war,
Und Gottes Segen wird den edlen Bund verschönen,
Euer Glück gründen dort am strahlenden Altar.

(Paris tritt vor und will Julie seinen Ring an den Finger stecken.)

Julie
(zieht ihre Hand zurück. — Halblaut und wie im Traume):

Ach! Ihn nur liebe ich, für den ich Haß empfand!
Reiche statt seiner nun, o Tod, mir die Hand.

(Sie nimmt den Brautkranz ab. Ihre Haare lösen sich und fallen frei über ihre Schultern.)

Capulet.
Theure Julie, wo weilt dein Sinn?

Julie.
Ach, haltet mich — ich schwanke!
(man umringt und stützt sie)
Nacht wird's vor meinem Auge! Kalt faßt's das Herz! — Schreckgedanke!
Ist das der Tod? — Ich fürchte mich! — Vater!
Fahrwohl!
(bricht leblos zusammen.)

Capulet.
Meine Tochter! O Julie! Todt! —
Wehe!

Alle.
Wehe!

Capulet.
Tochter!

Alle.
Ew'ger Gott!

(Der Vorhang fällt.)

Fünfter Akt.

Ein Grabgewölbe.

Scene 1.

Lorenzo. Bruder Jacob.

(Beim Aufgehen des Vorhangs steht Lorenzo neben dem offenen Sarge, in welchem Julie schlafend ruht. — Eine Grablampe erhellt die Scene. — Bruder Jacob tritt auf.)

Lorenzo.
Wohlan, mein Brief an Romeo?

Jacob.
Neue Noth schafft
Uns ein Kampf, in den der Page sich eingelassen
unbedacht.
Verwundet zum Palast gebracht,
Konnt' er sich nicht entleb'gen der Botschaft.
(gibt Lorenzo einen Brief)
Hier ist das Schreiben.

Lorenzo.
Ha! Dem Zufall Fluch!
Schick einen andern gleich, laß nicht die Zeit ihn sparen.
O komm! Denn jeglicher Verzug
Bringt uns nur wachsende Gefahren.

(Beide ab. Man hört eine schwere Thür sich hinter ihnen schließen. Tiefe Stille.)

Scene 2.

Julie, später Romeo.

Symphonie.

(Man hört wie die Thür erbrochen wird. — Dieselbe springt lärmend auf. Romeo erscheint.)

Romeo
(wirft ein Brecheisen weg, das er in der Hand hielt).

Hier ist's! Gegrüßt o Grab! Schaudernd betret' ich dich!
Nicht ein Grab! Nein! Wenn vom Tod auch be=
siegt, sie
Nun die Gruft der Ahnen umfaßt,
Ihr Reiz macht jeden Ort zum Prachtpalast!
(bemerkt Julie und eilt zum Sarge)
Dort ist es! Ha! Dort liegt sie!
(nimmt die Lampe)
Komm, du bleichstrahlend Licht, laß erschauen sie mich.
(beleuchtet Julien's Gesicht)
Heißgeliebte! Ach, in's Grab gesunken!
Der Tod hat wohl den Balsam des Odems getrunken,
Die Schönheit nicht raubte er dir!
Nein! Denn purpurn noch seh' ich prangen
Ihre Fahne auf deinen Lippen, deinen Wangen,
Und nicht sein farbenlos Panier!
(setzt die Lampe weg)
Was zeigst du Tod sie mir so reizvoll, so verkläret?
Ei, denkst du wohl dadurch mich schneller nachzuzieh'n?
Thor! heißer habe nie ich ein Glück je begehret!
Deine Beute sie soll dir heute nicht entflieh'n.
Ja, dich schaue ich voll Verlangen
Grab, wo ich neben ihr jetzt ruhen will und muß.
O ihr Arme öffnet euch, sie scheidend zu umfangen,
Ihr Lippen gebt ihr nun den letzten Gattenkuß.
(Er umarmt sie leidenschaftlich und zieht ein kleines metallenes Flakon aus dem Busen. Zu Julie gewendet):
Dies bir, o meine Julie!
(Er leert das Flakon auf einen Zug und wirft es weg. Dann schwankt er, eine zunehmende Schwäche überfällt ihn, er läßt sich langsam auf die Stufen am Sarge nieder. In diesem Augenblick beginnt Julien's Erstarrung zu weichen. Sie hebt den Kopf ein wenig und blickt erstaunt um sich. Die eine Hand gleitet am Sarge hinab.)

Julie (halbträumend).

Wo bin ich?

Romeo (lauscht).

Ist's ein Traumbild, das umschweb't mich?
Die todte Lippe sprach — der Arm hat sich bewegt —
(ergreift ihre Hand)
Zittern fühlt meine Hand, wie der Puls wieder schlägt.
(er richtet sich auf, Julie sieht ihn erstaunt an)
Wachend glänzt ihr Auge — sie erhebt sich!
(Er betrachtet sie betrübt und starr.)

Julie (seufzt).

Romeo!

Romeo (außer sich).

Es ist Wahrheit! O Gott! Sie lebt! Neu dem Dasein
erstanden!

Julie (hat sich aufgerichtet).

Gott! Welch' traulicher Ton schlägt süß das Ohr in
Banden?

Romeo.

Ich bin's! Sieh den Gatten hier!
Lustberauscht liegt auf's Neu' er nun zu Füßen Dir.
Bringt zurück Alles Glück, das wir jemals empfanden,
Das die Liebe verleiht.

Julie
(wirft sich in seine Arme).

Ja, Du bist's!

Romeo.

Komm! und laß uns flieh'n!

Julie.

Seligkeit!

Beide.

Komm! laß in die Welt uns zieh'n!
Fern da wohnt das Glück, komm laß uns flieh'n.

Ach, nimm o Herr, aus frommen Herzen,
Gnadenvoll unser Dankgebet.

— — —

Romeo (wankend und voll Verzweiflung).
Was beseelt die Väter doch Haß ohne Gleichen!

Julie.
Was soll das, Romeo?

Romeo.
Nicht rühren, nicht erweichen
Kann Liebe je ihr Machtgebot.
Vor unserm Paradies, arme Julie, steht der Tod!

Julie.
Der Tod? Ei, Du redest im Fieber!
Welch' finstere Bilder, o Lieber?
O, treib' mit meinem Herzen keinen Spott.

Romeo.
Sei gefaßt! Dich wähnt' ich todt — und ich trank
jenes Gift!
(deutet auf das Flakon.)

Julie.
Gift, sagst Du?! Ew'ger Gott!!!

Romeo
(schließt sie in seine Arme).
Nun stürzt Dein Glück zusammen,
Der Traum war ja zu schön!
Der Liebe heil'ge Flammen
Ueber's Grab noch besteh'n!
Sie zersprengt des Sarges Schaale
Und entschwebt, gottgeweiht,
Auf des Licht's goldnem Strahle
In die Unendlichkeit!

Julie.
Mich erfaßt, ach, Verzweiflung!

Romeo
(immer schwächer).

O, Julie, es will tagen!
Horch! die schmetternde Lerche verkündet den Tag!
Nein, fern ist noch der Tag und nicht sie hat geschlagen —
Nicht die Lerche, nein, nein, es war die Nachtigall!

(Er gleitet aus Juliens Armen auf die Stufen nieder.)

Julie
(nimmt das Flakon auf).

Grausamer Gatte Du! Gift war's genug für Beide!
Was ließest Du mir nicht meinen Theil?!

(Sie wirft das Flakon weg, preßt die Hand auf's Herz, berührt dabei den Dolch, den sie auf der Brust verborgen hatte und zieht ihn mit hastiger Geberde hervor.)

Ha! bringe du mir Heil
Theurer Dolch, dich vergaß ich! Komm! Hier ist deine
Scheide!

(stößt ihn sich in die Brust.)

Romeo
(entsetzt).

Gott, was war das?

Julie
(umschlingt mit beiden Armen seinen Kopf. — In höchster Innigkeit):

Kind! Wundersüß ist mein Thun!
Ach! Nimmer empfand so sel'gen Trieb ich
Als zu sterben mit Dir! Komm, einen Kuß — Dich
lieb' ich! —

Beide
(sich halb aufrichtend, mit letzter Kraft):

O Gott! gnädig sei uns nun!
(sterben).

(Der Vorhang fällt.)

Ende der Oper.